# LES

# DROITS SUCCESSORAUX

## DES

# ENFANTS NATURELS

PAR

## HECTOR LAMBRECHTS

DOCTEUR EN DROIT, ATTACHÉ AU MINISTÈRE DE L'INDUSTRIE ET DU TRAVAIL
DE BELGIQUE

(Extrait de la *Revue catholique des Institutions et du Droit*)

GRENOBLE

IMPRIMERIE ET LITHOGRAPHIE JOSEPH BARATIER

24, Avenue Alsace-Lorraine

—

1896

# LES

# DROITS SUCCESSORAUX

DES

# ENFANTS NATURELS

PAR

## HECTOR LAMBRECHTS

DOCTEUR EN DROIT, ATTACHÉ AU MINISTÈRE DE L'INDUSTRIE ET DU TRAVAIL
DE BELGIQUE

(Extrait de la *Revue catholique des Institutions et du Droit*)

GRENOBLE

IMPRIMERIE ET LITHOGRAPHIE JOSEPH BARATIER

24, Avenue Alsace-Lorraine

—

1896

# LES DROITS SUCCESSORAUX

DES

## ENFANTS NATURELS

———— ∎o⦂⦂o∎ ————

A peine avions-nous publié ici-même (1) quelques notes sur *six projets de loi sur la recherche de la paternité*, parmi lesquels ceux de M. Bérenger, de M. de Gavardie et de M. Rivet pour la France, que le Sénat français s'occupait à nouveau des enfants naturels pour étendre leurs droits successoraux. Cette fois ce n'est plus à un *non possumus* absolu qu'on se heurte; au contraire les modifications proposées sont admises dans leurs parties essentielles, et sauf un raccroc inattendu elles formeraient depuis une année le droit de la France. Nous écrivions alors, à propos du problème de la recherche de la paternité : «... Il « semble qu'on peut en dégager bien des conclusions. « Une seule, la plus générale et aussi la plus impor- « tante, ne sera contestée par personne : c'est qu'il y « a ici une série d'intérêts indissolublement unis; et « que toute loi qui voudrait ne pourvoir qu'à l'une ou « à quelques-unes d'entre eux, aura des conséquences « très défectueuses pour le tout. »

Au lendemain du vote en première délibération par le Sénat du projet sur l'extension des droits successo-

---

(1) V. *Revue catholique des Institutions et du Droit*, nᵒˢ décembre 1894, février, mars et avril 1895.

raux de l'enfant naturel, le *Temps* appréciait ainsi la situation :

« Ce droit de l'enfant (la filiation), en quelque con-
« dition qu'il naisse, est réel pourtant et il vaudrait la
« peine de le définir, de le circonscrire et de lui don-
« ner force de loi. Avant de pouvoir hériter de son
« père, il faut que l'enfant naturel vive. Pourquoi donc
« s'il n'a pas été bénévolement reconnu est-il incapa-
« ble de réclamer des aliments à l'auteur de ses
« jours ?... Le mal dont souffre notre législation civile
« en cette matière n'est pas que les enfants naturels
« ne puissent socialement parlant être assimilés aux
« enfants légitimes ; le mal, c'est qu'il leur soit à *priori*
« absolument interdit de réclamer de leur père, quand
« il est bien connu d'eux et de tous, les aliments indis-
« pensables pour ne pas mourir. »

Voilà, je pense, une illustration par *le fait*, irrécusable et nullement ambiguë, de la thèse que nous soutenions au sujet de la connexité des diverses réformes qu'on réclame en cette matière.

L'obstacle principal à l'introduction d'une bonne loi sur la recherche de la paternité réside selon nous dans la conception erronée des droits successoraux des enfants naturels ; la difficulté insurmontable dans le problème soulevé en ce moment par le Sénat vient précisément de l'absence de détermination du lien de parenté, le *Temps* l'a très bien compris.

Nous pouvons conclure à *priori* que le législateur français n'a pas réussi à faire besogne utile, sociale-ment et moralement parlant ; il nous semble même que le projet Letellier (nous l'appelons de ce nom par amour pour la concision), complique la situation, et rend plus difficile que jamais, une fixation meilleure et plus juste des droits de filiation de l'enfant naturel.

Le Sénat est parvenu à se mettre d'accord sur un texte, pas trop différent de celui que la Chambre lui avait transmis ; la Chambre à son tour « pensant qu'il faut savoir se borner, et que mieux vaut un résultat pratique, même incomplet, qu'une espérance si large soit-elle, toujours irréalisée » (1), se dispose à adopter sans modification le texte voté au Sénat; nous pouvons donc considérer la loi comme définitivement coulée dans le moule des formules, et l'étudier dans son esprit, dans sa tendance, dans ses effets problables.

## I

L'historique de la réforme actuelle des droits successoraux de l'enfant naturel présente à la fois de grands avantages et de grandes difficultés; les textes se brouillent à plaisir dans les diverses étapes de la procédure législative, et se perdent presque dans la nuit des temps : voilà pour la difficulté. Quant aux avantages, sans parler de la nécessité de mettre de l'ordre dans une matière diffuse, on comprendra que seule la suite des idées et des tendances peut nous donner le véritable esprit de la réforme projetée, et étayer un jugement impartial et assuré.

Essayons donc ce travail un peu aride ; si le lecteur veut bien nous suivre, il reconnaitra peut-être qu'il y avait ici une étape intéressante après tout et que nous aurions eu doublement tort de la brûler.

D'abord quelques dates.

Le projet qui va passer à l'état de loi, n'est pas précisément ce qu'on pourrait appeler né d'hier.

Le 22 octobre 1888, MM. Letellier, Jullien et Rivet déposèrent sur le bureau de la Chambre des députés une proposition de loi *relative aux droits des enfants naturels dans la succession de leur père et mère*, qui fut prise en considération le 26 mars 1889 et forma l'objet d'un rapport sommaire le 6 juin 1889.

Ici se place cet événement commun du régime parlementaire et profondément ennuyeux : caducité de

---

(1) Rapport par M. Jullien, Chambre, séance du 23 janvier 1896 (*Officiel*, 18 février).

tous les projets par suite de l'expiration du mandat d'une législature.

Nous attendons jusqu'au 18 mars 1890 pour voir reparaître notre proposition sous la signature des mêmes parrains.

A partir de ce moment, la filière ordinaire est parcourue, mais combien lentement ! Au 24 juillet 1890 un rapport sommaire de M. Letellier, au 16 novembre 1891, après une année et demie, un rapport plus étendu de M. Jullien au nom de la Commission.

Il s'écoule presque deux ans avant que la Chambre ne passe au vote (première délibération le 10 mai 1893, deuxième délibération le 21 juillet 1893).

Le Sénat est alors saisi de la question ; le 19 février 1894, les sénateurs Demôle et Tolain déposent une contre-proposition, et l'on attendit encore une année entière (24 janvier 1895), avant de recevoir le rapport de la Commission chargée de l'examen tant du texte transmis par la Chambre, que de la contre-proposition de MM. Demôle et Tolain.

Enfin le 18 mars et jours suivants, le Sénat entreprit de discuter un projet qui depuis sept ans entiers se traînait péniblement dans l'ornière de la procédure, sans parvenir même à l'honneur d'une discussion, car la Chambre vota deux fois sans qu'un orateur ouvrit la bouche pour ou contre les textes proposés.

*
* *

*Ignoti nulla cupido*, a-t-on dit. Ayant abordé franchement la discussion de principe, le Sénat se remit plus rapidement à parfaire sa part dans l'œuvre commune. Il reprit la deuxième lecture le 21 juin 1895, et sans un amendement malencontreux de M. Frank-Chauveau, sur la question de rétroactivité (art. 9), la loi était votée ce jour même. Le 27 juin la rétroactivité, combattue par l'amendement Chauveau, était admise avec une accentuation nette et formelle, la loi votée dans son ensemble et transmise à la Chambre.

La Commission de la Chambre a peut-être un moment éprouvé la tentation de se placer sur le terrain « des raisons supérieures d'absolue justice », comme s'exprime un peu pompeusement le rapporteur M. Jullien, de remanier à son tour la loi votée au Sénat; c'était marcher à un *dead lock*, et l'exemple de la loi sur les accidents du travail qui traîne, voilà bientôt quinze ans, de Sénat en Chambre et de Commission en rapport, n'était pas encourageant vraiment. La Commission, sans doute après avoir sondé officieusement les partis influents de la Chambre, a adopté un plan plus sage et plus pratique, se disant que « c'est déjà quelque chose que de marcher en avant, même d'un pas et de marquer un progrès » dans l'espoir « qu'une fois la route ouverte, d'autres la suivront. »

Voilà quelques dates.

Examinons maintenant, par groupe de matières, les réformes proposées avec les divers systèmes auxquels on s'est attaché pour les combattre ou pour les appuyer, laissant entrevoir les diverses tendances qui se sont fait jour successivement.

M. Dauphin, le rapporteur au Sénat, a déjà eu recours à cette méthode pour résumer les débats de la commission et nous pouvons adopter en partie la division qu'il a tracée.

Nous grouperons nos observations autour de trois questions : la qualité du droit, la quotité du droit, les libéralités.

\*
\* \*

*La qualité d'héritier.*

Le code civil, en son article 756, disait :

Les enfants naturels ne sont pas héritiers; la loi ne leur accorde de droits sur les biens de leurs père ou mère décédés que lorsqu'ils ont été légalement reconnus. Elle ne leur accorde aucun droit sur les biens des parents de leurs père ou mère.

La jurisprudence, d'extension en extension, était arrivée à placer véritablement l'enfant naturel *in loco he-*

*redis*, à deux exceptions près : il n'a pas la saisine, et il impute au lieu de rapporter les biens qu'il a reçus du défunt.

Le projet Letellier se donnait pour but de faire disparaître toute différence de traitement entre l'enfant naturel et l'enfant légitime, et il s'en expliquait avec une incontestable franchise :

Il est logique et raisonnable de reconnaître ce principe d'égalité, dès l'instant que nous admettons que la filiation naturelle et la filiation légitime confèrent des droits qui proviennent de la même source et qui tendent aux mêmes effets ; la sincérité et la clarté de la loi l'exigent. Inscrivons donc que le droit de l'enfant naturel est identique à celui de l'enfant légitime, que c'est un droit de propriété sur la succession des père et mère (1).

De là ce texte proposé :

Les enfants naturels légalement reconnus héritent de leurs père et mère, ou de l'un d'eux seulement, si l'autre ne les a pas reconnus, de la même manière que les enfants légitimes, et toutes les dispositions édictées en faveur de ceux-ci aux titres des successions, des donations et des testaments leur sont applicables.

La quatrième commission d'initiative parlementaire n'ayant rien ajouté, ni retranché au projet tel que M. Letellier le soumettait, nous n'aurons pas à la citer dans le cours de cette étude (2).

Le rapport de M. Jullien (3) est plus explicite sur un certain nombre des questions, et notamment sur les inconvénients de la controverse née du texte actuel de l'article 756, alors que le texte primitif présenté par la commission du gouvernement (séance du 24 thermidor an VIII) ainsi que celui du conseil d'Etat définissaient « ce droit une créance » (4).

---

(1) Exposé des motifs (p. 6). Chambre des Députés. Session 1890, n° 459.
(2) Rapport sommaire. Chambre des Députés. Session 1890, n· 866.
(3) Chambre des Députés. Session extraord. 1890, n° 1733.
(4) Fenet, t. II p. 133. Chambre des Députés, 1891. n° 1733, p. 22.
37 S. S.

« Trancher ces obscurités et par conséquent toutes
« les controverses a été le mobile principal de la com-
« mission » (1).

On ne dit pas pourquoi le texte de M. Letellier fut
remanié comme suit :

> « L'enfant naturel est appelé en qualité d'héritier, à la succession de
> « son père ou de sa mère décédés, lorsqu'il a été légalement reconnu. Il
> « exerce son droit héréditaire dans les proportions fixées par les articles
> « suivants... »

La commission du Sénat s'imaginant que la condi-
tion de la reconnaissance préalable n'était pas assez
nettement exprimée, y substitue à son tour la rédaction
suivante :

> La loi n'accorde de droit aux enfants naturels sur les biens de leurs
> père ou mère décédés que lorsqu'ils ont été légalement reconnus. Les en-
> fants naturels légalement reconnus sont appelés en qualité d'héritiers à la
> succession de leur père ou de leur mère décédés.

Ce dernier texte fut adopté sans autres explications
dans la séance du 19 mars 1895. Il n'en fut plus question
le 21 juin ; et ce principe est l'un de ceux que M. Jullien se félicite de retrouver intact, et qui lui font recom-
mander l'adoption pure et simple. Voilà donc une mesure en faveur de laquelle nous constatons une persis-
tante uniformité dans la tendance réformiste.

Même accord sur une question qui se greffe sur cette
première : vis-à-vis de qui l'enfant naturel aura-t-il la
qualité d'héritier ? Le projet primitif, à part une modification de rédaction (2) peu importante, puisqu'elle n'a
été ni justifiée, ni maintenue, a conservé le principe
traditionnel du Code civil et le rapporteur à la Chambre
le justifie ainsi : L'enfant reste étranger aux parents de
son « auteur... un acte ne saurait avoir d'effet qu'entre
« ceux qui y ont souscrit et par suite créer à des tiers
« restés étrangers des obligations imprévues. »

---

(1) Rapport même n· 1733, p. 48.
(2) Comparez : Chambre des Députés, sess. ord. 1890, doc. n° 459, art.
766, alin. final, et Sénat, sess. ord. 1895, n° 8, art. 757.

Raisonnement déplorable dans le fond et la forme. et qui ne prouve que trop combien il est dangereux de s'en référer à tout propos à des brocards, qui le plus souvent constituent de véritables énigmes pour les non-initiés.

Dans le cas présent, le choix du texte est particulièrement malheureux, rien n'empêchant qu'on en dise autant pour la famille légitime. En réalité les droits successoraux n'ont rien de commun avec les principes contractuels, et l'on ne peut transporter les preuves d'un ordre à l'autre. Ce n'est ni le consentement présumé, ni l'affection présumée qui forment la base des successions légales.

Nous reviendrons sur ce point à un autre endroit.

\*
\* \*

*La quotité des droits héréditaires.*

Cette partie de la réforme fut très controversée, et les divergences d'opinion s'accentuent dans les diverses phases des travaux préliminaires.

Sur la tendance générale du projet, les orateurs semblent assez bien d'accord : ils voulaient tous, mais dans des mesures différentes, augmenter la quotité héréditaire en faveur de l'enfant naturel, après en avoir reconnu en principe l'existence dans un premier article.

La limite à poser à cette extension : voilà la pomme de discorde. Nous ne saurions exposer le mouvement qui s'opéra dans les idées à ce sujet, sans recourir à une division méthodique des diverses situations auxquelles le principe doit s'appliquer. Il y a d'abord le cas de concours d'un enfant naturel avec les descendants légitimes.

Il faut encore séparer trois hypothèses qui peuvent se présenter, selon que la reconnaissance a eu lieu avant, pendant ou après le mariage, et la discussion confuse qui eut lieu sur ce sujet, provient précisément de ce que les orateurs se répondaient sur des situations différentes.

Pour M. Letellier seul, une répartition aussi méthodique était superflue, puisqu'il voulait l'assimilation complète et dans tous les cas entre l'enfant naturel et l'enfant légitime.

Mais le courant d'opinion, un instant d'accord avec M. Letellier (1), se modifie bientôt ; voyons ce qu'on fit dans la première des trois hypothèses signalées.

L'enfant est donc reconnu avant la célébration du mariage, et les conjoints sont censés avoir connaissance de la situation, et de ses conséquences éventuelles pour l'avoir commun (2).

La Commission de la Chambre repousse le principe d'un partage égal entre enfants légitimes et enfants naturels, et ce pour deux motifs :

C'est généralement pendant la durée de l'union légitime que se constitue réellement le patrimoine familial, celui que les enfants auront à se partager un jour. La dot de la femme légitime, les produits de l'industrie du père de famille, les économies permises par la bonne administration que la ménagère a introduite dans un intérieur domestique, tous ces avantages qu'apporte avec lui le mariage, telles seront, dans la plupart des cas, les sources de la fortune qu'enfants légitimes et naturels auront à se partager. Pourra-t-on dire en ce cas qu'ils possèdent des droits égaux ? L'enfant naturel, reconnu par le père, peut-il sans injustice prétendre à la même part que l'enfant légitime

(1) V. rapport de la quatrième Commission d'initiative parlementaire. Ch. des dép. 1890, n° 866.

(2) Cette présomption de loyauté ne concourt pas toujours, hélas ! avec la réalité, et nous devons regretter sincèrement que M. Demôle n'ait point soutenu séparément sous forme d'amendement son projet d'inscription obligatoire de toute reconnaissance d'enfant naturel en marge de l'acte de naissance de celui qui la fait. (Sénat, séance 18 mars 1895). En Belgique, un honorable magistrat du tribunal de Gand préconise une solution plus générale, par la création d'un *Casier civil*, analogue à celui que les parquets forment en matière répressive.

(Le Casier civil Arth-Goddyn — B<sup>lles</sup> Larcier 1888).

sur la fortune que la dot de la femme légitime aura permis au père de réaliser ? Bien plus, il arrive souvent que les époux se font par conventions matrimoniales, des avantages en considération de leur union. L'enfant naturel, reconnu antérieurement au mariage par l'époux avantagé, sera-t-il fondé à invoquer un droit sur ces biens, que l'enfant légitime aurait dû retrouver tout entiers dans la succession de l'autre époux ?

Ces considérations et la crainte d'apporter des troubles dans la constitution de la famille ont décidé la majorité de votre commission à repousser l'assimilation complète, quant à la quotité du droit de l'enfant naturel à celui de l'enfant légitime... en présence de descendants ou d'ascendants (1).

Comme conclusion, la commission propose de porter du tiers, accordé selon le Code civil, à une moitié, la quotité des droits de l'enfant naturel ; et malgré la modification radicale ainsi apportée au projet Letellier, les auteurs de ce projet ne trouvent plus une parole de défense pour leur système, et le texte de la commission est voté à la Chambre « comme une loi d'ordre local », selon l'observation très fondée de M. Demôle au Sénat, alors que des intérêts si sérieux, si respectables sont en jeu (2).

Ce silence, s'il faut en croire le rapporteur au Sénat, cachait l'aveu d'une défaite (3).

La proposition de MM. Demôle et Tolain au Sénat avait précisément pour objet de ramener le texte primitif de M. Letellier.

---

(1) Rapport. Ch. des Députés, s. extr. 1891, n° 1733, p. 49.

(2) Sénat, séance du 18 mars 1895. *Officiel* du 19 mars, p. 197, col. 3.

(3) « Qu'est-il arrivé, je ne dirai pas devant la Chambre des députés, où l'on n'a pas discuté du tout — la loi a passé inaperçue — mais dans la Commission dont deux des auteurs de la proposition faisaient partie, et dont le troisième était rapporteur ? Quand elle est arrivée devant la Chambre, l'assimilation avait disparu parce que, quand des hommes sérieux et consciencieux après avoir déposé une proposition, délibèrent, pèsent les objections et voient où les conduit leur œuvre, ils ont la sagesse de l'abandonner. » Discours au Sénat, séance du 18 mars 1895, p. 201,, 3ᵉ col.

La question a particulièrement préoccupé la Commission du Sénat, et le rapport s'appuie sur trois arguments de valeur très inégale.

Ils ont pris pour base de leur système une large défi-nition de la famille... Votre Commission n'a pas accepté cette théorie ni ses conséquences. La famille... dans le sens vrai... est une institution sociale qui procède du mariage... Conclure des devoirs du père et de la mère naturels à l'obligation d'imposer avec une égalité parfaite leurs enfants illégitimes à ceux qui sont nés de justes noces, c'est sacrifier un intérêt supérieur et général à des situations particulières et exceptionnelles, détourner des unions légitimes, encourager le désordre des mœurs et provoquer des discordes et des haines, au milieu desquelles le lien du sang, sous le prétexte d'être plus largement respecté, risquerait de se relâcher.

Voilà un argument. En voici un autre :

Ce serait en outre conduire logiquement à la même solution pour les enfants adultérins et incestueux envers lesquels la gravité de la faute rend encore la responsabilité plus lourde ; la recherche de la paternité devrait réapparaître, comme le décret de brumaire an II l'avait, logiquement aussi, rétablie et il n'y aurait aucune raison de refuser effet contre le conjoint et les enfants légitimes aux reconnaissances, faites pendant le mariage, des enfants naturels nés avant qu'il eut été contracté.

Et un troisième :

On peut se demander si l'assimilation complète des enfants naturels aux enfants légitimes, dont le but serait de satisfaire à l'équité et à la loi naturelle, n'aurait pas souvent des effets injustes, dans la distribution des fortunes organisée par notre législation civile. L'enfant naturel bénéficierait autant que l'enfant légitime, dans les successions *ab intestat*, des bénéfices de la communauté dus au travail, à l'administration, à l'économie, aux capitaux du conjoint. On le verrait prendre une part égale dans les donations de contrat de mariage, ou entre époux, et les libéralités testamentaires, et, pour parler des ascendants, il est difficile de comprendre comment ils seraient obligés de laisser passer dans les mains d'une personne qui leur est étrangère la totalité des biens qu'ils ont donné pour fonder une famille régulière (1).

La nécessité d'établir une distinction, comme nous le faisions en commençant, se fait nettement sentir ici : une partie notable de l'argumentation qui précède ne porte que sur l'une des hypothèses. Pour le cas que nous examinons plus spécialement en ce moment, celui d'une reconnaissance antérieure au mariage, la partie générale seule des deux premiers arguments avancés au Sénat peut avoir quelque signification ; des considérations qui ont décidé la commission de la Chambre, rien ne subsiste sinon les mots suivants : « et la crainte d'apporter des troubles dans la constitution de la famille, » argument par trop sommaire, et que le rapport du Sénat ne développe qu'imparfaitement. Car enfin le lien entre les maux dont M. Dauphin nous menace sous la forme des dissensions, de haines, etc., et le projet de loi qu'il combat n'apparait pas très clairement ; il n'est pas du tout évident que l'union légitime sera déconsidérée, que les liens du sang se relâcheront dans une querelle universelle, parce qu'un enfant naturel dont l'existence était parfaitement connue des futurs époux prendra en vertu de la loi une part égale dans la succession, disposition que les futurs époux n'ont pu ignorer. S'ils ont contracté mariage dans ces conditions, n'ont-ils pas voulu cette égalité, de commun consentement ?

Nous ne prétendons pas défendre ici les idées de MM. Letellier et Demôle, mais nous tenons à relever, avec les vices essentiels du projet de loi, la légèreté, j'allais dire la distraction qui a présidé à sa confection, et l'étrange confusion qui s'est faite dans les esprits à cette occasion.

M. Demôle a parfaitement combattu l'objection en

(1) Sénat. Session 1895, n· 8, p. 3 et 4.

elle-même lorsqu'il dit : « J'en demande pardon à l'honorable M. Dauphin, mais cette théorie sur l'origine des fortunes pour en attribuer la dévolution est complètement bannie par nos lois : il est impossible de soutenir que, quand un homme meurt, il faille savoir d'où vient sa fortune pour en attribuer la dévolution. La fortune qu'il laisse va aux héritiers que la loi lui attribue... Est-ce que le même cas ne se produit pas quand un homme, ayant un enfant d'un premier mariage contracte une union subséquente, et que par le fait de sa seconde femme la communauté est devenue opulente...» M. Demôle a absolument raison et rien ne subsiste de l'objection; les époux libres de se marier, connaissant l'existence d'enfant naturel reconnu, ont dû vouloir les conséquences légales qu'il entraine, tout comme en légitime mariage.

Nous avons rapporté avec intention l'argument, aussi faible que le précédent, tiré de l'épouvantail d'une loi ramenant la recherche de la paternité. C'est bien là une note caractéristique dans le débat actuel, et à mesure que nous la verrons s'accentuer, nous comprendrons les véritables tendances du législateur.

Le Sénat, lui, se déclara convaincu et satisfait; il adopta le texte de sa commission, et la quotité de 1/2 fut votée.

*<br>* *

Le deuxième cas que nous avons voulu distinguer vise une reconnaissance postérieure au mariage.

Si l'on prend l'hypothèse de la reconnaissance postérieure à la dissolution du mariage, tout ce que nous avons dit jusqu'ici reste applicable à *fortiori* à la situation prévue ici.

Si l'on prend enfin la troisième hypothèse d'une reconnaissance faite pendant le mariage, l'assimilation proposée par M. Letellier constitue un non sens, puisque l'abrogation de l'article 331 du Code civil n'était pas demandée, et que cet article empêchait à l'avance toutes les conséquences de l'assimilation qu'on préconisait.

Cet art. 331, y a-t-on réfléchi, nous ramène malgré les principes formels du législateur de 1803, à considérer l'origine des fortunes pour en déterminer la dévolution. Ainsi, on le reconnait impossible dans certains cas de satisfaire aux exigences primordiales de l'équité, sans faire une distinction entre les biens. C'est justement ce que nous disions, et nous croyons que le cas de l'art. 331 n'est pas le seul auquel ce système devrait être appliqué.

## II

Jusqu'ici nous avons supposé que l'enfant naturel concourait avec l'enfant légitime Une situation très différente se présente lorsqu'il n'y a pas de descendants légitimes.

Voyons ce qui arrive lorsque l'enfant naturel concourt avec des ascendants légitimes.

D'après le Code civil, l'enfant légitime exclut l'ascendant, et M. Letellier, par son assimilation simpliste, arrivait au même résultat pour l'enfant naturel.

La commission de la Chambre s'y opposa pour deux motifs :

Le premier, c'est que le droit des ascendants est d'une nature si éminemment respectable... leur situation est exceptionnelle. Ils tiennent par les liens les plus forts à l'auteur de l'enfant naturel. Conviendrait-il d'ajouter à la douleur causée par sa perte, la perte de tous les biens qui appartenaient à leur fils ou à leur fille, et de les exclure de la succession de leur enfant, au profit de celui qui y est entré en quelque sorte malgré eux ?

Le second, c'est qu'aucun lien de parenté n'existant et ne devant exister entre l'enfant naturel et les ascendants de son auteur, la dette alimentaire n'existe point entre eux. Il fallait donc éviter le scandale qui eût pu se produire d'un enfant naturel recueillant une opulente succession et pouvant légalement laisser dans la gêne les ascendants de son auteur (1).

Entre le code Napoléon et le projet Letellier, la commission de la Chambre cherche un moyen terme. Voici ce qu'elle trouve (2).

Art. 757. — Lorsqu'il n'y aura point de descendants légitimes, mais seulement un ou plusieurs ascendants, l'enfant naturel légalement reconnu aura droit à la moitié de la succession en pleine propriété, et à la nue propriété de l'autre moitié. Le ou les ascendants auront, dans tous les cas, nonobstant toute disposition entre vifs ou testamentaire, droit à l'usufruit de cette moitié.

Mais le rapporteur au Sénat, opérant une nouvelle sélection, cherche quelque chose d'intermédiaire entre le projet et l'amendement. Il demande 1/4 en pleine propriété pour l'ascendant, plus une partie dans le surplus de la succession, car bien que le texte semble prêter à controverse, la pensée des rédacteurs est bien de maintenir la déchéance de moitié pour peine de l'illégitimité.

MM. Demôle et Tolain, comblant une lacune sensible dans le projet Letellier qu'ils représentaient, donnaient la solution suivante :

Art. 3. — L'enfant naturel qui hérite de ses père et mère est tenu, vis-à-vis des ascendants de ceux-ci, dans la proportion de son émolument dans la succession, de la dette alimentaire telle qu'elle est réglée par les art. 206 et 207 du Code civil. La même obligation incombe aux enfants et descendants légitimes qui exercent le droit de représentation établi par l'art. 2 de la présente loi (Sénat, session 1894, doc. n° 20, p. 5).

L'opposition du gouvernement au contre-projet Demôle le fit écarter sans discussion; dans sa séance du 19 mars, le Sénat se rallia au texte de la commission par 179 voix contre 76, et la loi (qui a été insérée à l'*Officiel* depuis que nous avons commencé cette étude)

(1) Chambre des Députés. Session extraordinaire de 1891. — Doc. n° 1733, p. 50 et 51.
(2) Chambre des Députés. — Session extraordinaire de 1891. — Doc. n° 1733, p. 55.

3

porte : « Le droit est des trois quarts, lorsque les père
« ou mère ne laissent pas de descendants, mais bien
« des ascendants... légitimes... (1). C'est-à-dire les
trois quarts de ce que l'enfant aurait eu s'il eut été
légitime, ainsi qu'il ressort d'une déclaration formelle
du rapporteur à la Chambre (2).

*<br>* *

On ne se mit pas aussi facilement d'accord en ce qui
concerne les droits des frères et sœurs légitimes des
père ou mère naturels.

Le projet Letellier les excluait, en rendant l'art. 745
du Code civil applicable à la matière ; le Code civil au
contraire dans son article 757 mettait les frères ou
sœurs dans la même situation que les ascendants sur-
vivants, lorsqu'ils viennent en concours avec des enfants naturels.

La Chambre, qui avait écarté le système de M. Letellier pour les ascendants, s'y rallia pour les frères et
sœurs. Ce fut au Sénat que l'on vit surgir la première
opposition, et la commission proposa de maintenir
l'assimilation du code.

Outre la tradition juridique, M. Dauphin invoquait
la situation privilégiée de ces collatéraux :

Nés directement de parents communs, élevés ensemble
dans une profonde intimité, ils font, comme les ascendants,
partie de la famille; comme eux ils feront rentrer une portion des biens qui avaient été détachés du patrimoine
dans un but familial et ont été détournés de ce but par une
paternité illégitime. On ne saurait d'ailleurs comprendre
que les frères et sœurs qui dans les successions sont pré-
férés aux aïeuls et aux aïeules, soient dans une moins bonne
situation qu'eux vis-à-vis des enfants naturels (3).

---

(1) *Journal Officiel*, samedi 28 mars 1896.

(2) Chambre ordin. 1896, séance du 23 janvier, *Officiel*, p. 25, docu-
ment n° 1750.

(3) Sénat, session 1895, doc. 8, p. 10, 11.

A quoi M. Demôle répondait, non sans à propos :

Quand il s'agit de successions ordinaires, il ne vient à la pensée de personne de supposer qu'un enfant ne soit pas appelé à l'encontre des collatéraux de son père à recueillir toute la succession.

Je ne comprends pas, quant à moi, que l'idée puisse venir d'établir cette dualité de situation entre l'enfant qui est de mon sang, qui est mon fils, que j'ai élevé chez moi, et l'oncle ou la tante, les cousins ou petits-cousins qui proviendraient de l'union de cet oncle ou de cette tante avec une tierce personne.

Je me permettrai de reprendre l'objection que j'ai formulée hier. Cette préférence de la commission pour les collatéraux repose sur cette hypothèse que la fortune laissée par le père peut provenir des ancêtres, et qu'il y a une nécessité sociale à conserver dans la famille des biens qui y ont été introduits (1).

La commission du Sénat allait plus loin, elle proposait d'admettre la représentation en faveur des enfants de frères ou sœurs ; sous le régime du Code, cette représentation n'a pas lieu, parce que, a-t-on dit, l'art. 757 se trouve placé dans la section des successions irrégulières et qu'il n'y a point de représentation dans cet ordre.

L'extension proposée au Sénat constituait un pas en arrière ; dans une loi qui avait pour objet avoué d'augmenter les droits de l'enfant naturel, cette mesure était au moins étrange. Si on n'y fit point attention, c'est que tout ce débat très long, fut aussi très confus.

On discutait à la fois la situation des ascendants de père ou mère, celle de leurs frères ou sœurs, et celle des descendants légitimes de ces frères ou sœurs. Tous les discours se ressentent de cette confusion ; les arguments ne se répondent pas, et ce n'est qu'au moment du vote qu'on s'avise d'établir une séparation entre les diverses questions. Il était trop tard alors.

---

(1) Sénat, séance du 19 mars 1895, p. 208.

Ce qui ne manqua pas de compliquer les choses, c'est que le Garde des Sceaux prit nettement parti contre la Commission en ce qui concerne les concours des frères et sœurs, et eut recours à l'argument, quelquefois maladroit, quelquefois décisif, des égards réciproques que se devraient les deux Chambres.

Si j'essaie de séparer dans les discours, les motifs qu'on invoquait uniquement pour le débat des droits des collatéraux, je trouve ce qui suit :

Du côté du rapporteur au Sénat, pour soutenir les droits des frères et sœurs, l'encouragement qui est dû à la famille et au mariage ; l'équité dans la distribution des biens qui, comme il l'a supposé déjà à plusieurs reprises, viennent tous de la famille légitime, et même du côté de la femme légitime ; enfin la crainte de bouleverser le Code.

Il y a quelque chose d'étrange dans l'exclusion des frères et sœurs. Je vous rappelais tout à l'heure que dans les règles des successions légitimes, ils ne viennent qu'à défaut des père et mère, mais priment le grand-père et la grand'mère. Et voici que par une anomalie bizarre si vous concédez comme je l'espère, que les ascendants devront recueillir un quart, le grand-père et la grand'mère, qui dans une succession ordinaire sont exclus par les frères et sœurs, seront aptes à recueillir, tandis que les frères et sœurs n'auront rien ! C'est le changement, Messieurs, du Code civil (1).

Quant à l'extension aux descendants de frères et sœurs, le rapporteur est d'un laconisme déplorable. Le rapport disait : « Il n'y a pas de motif de les faire passer dans la seconde catégorie des collatéraux lorsqu'il y a des enfants naturels »; ce qui est bien le minimum d'argument. Au cours de la discussion, M. Dauphin y ajouta l'argument suivant : Dans le Code, les enfants naturels sont exclus par tous les successibles pour le quart donné aux collatéraux ; donc nous pou-

---

(1) Séance du 19 mars 1895, *Officiel*, p. 209.

vons sans inconvénient joindre aux frères et sœurs, les descendants légitimes d'iceux.

Enfin *in extremis*, M. Dauphin répliqua : Nous permettons dans les articles suivants, de disposer par testament de la totalité de la réserve au profit de l'enfant naturel ; voilà ce qui pare à toutes les éventualités : s'il faut un correctif à l'ordre successoral *ab intestat* que nous établissons, le voilà.

Cette raison-là valait mieux que les autres ; mais je ne suis pas loin de croire que celle qui fit plus d'impression, fut développée par M. Tillaye, avec l'intention de combattre le projet de la Commission.

Il me semble qu'il est impossible au point de vue juridique et au point de vue des principes d'accorder quelque chose aux frères et sœurs et de le refuser à leurs enfants... Voici pourquoi : le projet tel qu'il est soumis au Sénat a complètement transformé la situation des enfants naturels : il en a fait des héritiers. Ils étaient auparavant non pas des héritiers, mais des successeurs irréguliers et c'est pour cela que la jurisprudence de la Cour de Cassation décidait d'une façon unanime ainsi qu'un de nos collègues l'a fort bien fait remarquer au Sénat, qu'il ne pouvait pas y avoir de représentation. En matière de succession irrégulière, la représentation ne peut avoir lieu.

Mais dès que le projet nouveau fait des enfants naturels des héritiers légitimes, la représentation est de droit : de telle manière qu'au point de vue logique il est impossible d'accorder une part aux frères ou sœurs dans la succession du père de l'enfant naturel et de la refuser aux descendants légitimes de ces frères ou sœurs.

M. Tillaye en concluait qu'il fallait rejeter le tout en bloc : le Sénat lui se décida pour la solution contraire. L'argument de M. Tillaye eut ainsi un succès incontestable, mais pas précisément dans le sens qu'il espérait.

La tactique du parti opposé fut celle indiquée par M. Tillaye : argumenter de l'invraisemblance d'une préférence pour l'arrière-petit-cousin, descendant légitime d'un frère du père naturel, pour faire rejeter en bloc les droits des collatéraux.

Jusqu'à un certain point les arguments du rapporteur ont trouvé leur réplique dans le discours du Garde des Sceaux. Ainsi en ce qui concerne la faveur qu'on doit montrer à la famille légitime pour favoriser les mariages, M. Trarieux répondait :

Quand l'un de ceux qui ont la pensée de contracter mariage, l'homme ou la femme, a un enfant naturel, qu'est-ce qui peut faire obstacle à ses projets ? Ce n'est pas pour le père ou la mère de l'enfant reconnu la reconnaissance qu'il en aura faite, c'est au regard de la personne avec laquelle ces projets de mariage se nouent, l'existence de cet enfant si elle lui est révélée.

Celle-ci peut craindre en effet que la présence de cet enfant naturel ne soit une cause de trouble dans sa vie conjugale, une compétition redoutable pour l'enfant légitime qui pourra naître de l'union projetée ; et c'est pour atténuer ces craintes que nous n'avons pas voulu l'égalité entre les enfants naturels et les enfants légitimes.

Mais comment cette personne aurait-elle à se préoccuper de l'intérêt des frères et sœurs, neveux ou nièces de celui qui la demande en mariage, et que lui importe que ces derniers soient ou ne soient pas un jour évincés par un enfant naturel de leur frère ou de leur oncle.

Est-ce cet intérêt, je le demande, qui préoccupe les futurs conjoints ? Est-ce là un obstacle, un empêchement au mariage (1) ?

Les arguments tirés de l'origine des biens, de l'intervention d'un testament, on se contenta de les rétorquer, en renversant la donnée hypothétique qui leur servait de base. S'il est possible que les biens provenaient d'ancêtres légitimes, qui n'avaient en vue que la perpétuation de la famille légitime et étaient censés se rebiffer du fond de leur tombe contre la destination dite étrangère qu'on donnait à ces biens, il est tout

---

(1) Sénat, séance du 19 mars 1895, *Officiel*, p. 211.

aussi possible qu'ils proviennent des travaux, des économies du père, de la mère de l'enfant naturel, et sera-ce vraiment équitable d'en dépouiller les enfants issus de leur sang, au profit d'un frère, d'une sœur? Le testament, s'il peut corriger la loi au profit de l'enfant naturel, peut tout aussi bien la corriger au profit de collatéraux dans des circonstances particulièrement intéressantes.

Voilà un parallélisme complet, il faut l'avouer. Le moyen d'en sortir? Il était bien simple : une bonne distinction entre l'origine des biens à répartir, et une dévolution différente d'après cette origine. Elle eut mis certainement tout le monde d'accord, et bien que je préfère pour beaucoup de raisons remplacer les droits successoraux des enfants naturels par une créance alimentaire, cette solution-là valait mieux que celle du Code, et celle de la nouvelle loi.

Au lieu de cela on s'obstina à vouloir emporter un vote radical; M. Bernard, au commencement du débat, avait très politiquement divisé les opinions ; MM. Trarieux et Tillaye, ainsi que nous l'avons vu plus haut, reformèrent le bloc et perdirent. C'est surtout faute de tactique au dernier moment, que la division des votes pour les trois catégories de personnes visées dans le nouvel article 759 du Code civil, ne produisit point les résultats qu'on aurait pu en attendre.

A la deuxième délibération, le Sénat n'eut plus les loisirs, ni l'envie de reprendre l'examen d'une matière aussi délicate, et une nouvelle tentative de M. Bernard n'eut aucun résultat (1).

Pour dispenser nos lecteurs d'avoir à recourir à d'autres documents, nous donnons ici le texte des articles 759 et 760 tels qu'ils sont insérés dans la loi.

759. — Le droit est des trois quarts, lorsque les père ou mère ne laissent pas de descendants, mais bien des ascendants ou des frères ou sœurs ou des descendants légitimes de frères ou sœurs.

---

(1) Sénat, séance du 21 juin 1895, *Officiel*, p. 654 et 655.

760. — L'enfant naturel a droit à la totalité des biens lorsque ses père ou mère ne laissent ni descendants, ni ascendants, ni frères ou sœurs, ni descendants légitimes de frères ou sœurs.

\* \*

L'hypothèse du concours simultané d'enfants naturels avec des ascendants et des frères ou sœurs de ses père ou mère, soulevée incidemment, fut laissée sous l'empire des règles existantes du Code civil, quant au partage à opérer entre l'ascendant et les collatéraux. Le droit successoral de l'enfant naturel ne doit point être affecté par ce concours (1).

\* \*

*Les libéralités et la réserve.*

Ayant décidé, comme nous l'avons vu dans le § 1er que l'enfant naturel était héritier, on a été amené à modifier certains articles du Code civil, pour tirer de ce principe les conséquences qu'il comporte naturellement.

Ainsi l'art. 4 de la loi nouvelle porte :

Il est ajouté à l'art. 913 du Code civil un § 2 ainsi conçu : L'enfant naturel légalement reconnu a droit à une réserve. Cette réserve est une quotité de celle qu'il aurait eue s'il eût été légitime, calculée en observant la proportion qui existe entre la portion attribuée à l'enfant naturel au cas de succession *ab intestat* et celle qu'il aurait eue dans le même cas s'il eut été légitime.

Il est ajouté au même article 913 un 3e paragraphe reproduisant l'art. 914 du Code civil, modifié ainsi qu'il suit :

Sont compris dans le présent article sous le nom d'enfants, les descendants en quelque degré que ce soit. Néanmoins ils ne sont comptés que pour l'enfant qu'ils représentent dans la succession du disposant.

L'art. 915 du Code civil prendra le n° 914.

Et l'art. 5 dispose :

L'art 915 (nouveau) sera libellé ainsi qu'il suit : Lorsque à défaut d'enfants légitimes le défunt laisse à la fois un ou plusieurs enfants naturels et des ascendants dans les deux lignes ou dans une seule, les libéralités par actes entre vifs et par testament ne pourront excéder la moitié des biens du disposant s'il n'y a qu'un enfant naturel, le tiers s'il

(1) Sénat, séance du 19 mars 1895, *Officiel*, p. 208.

y en a deux, le quart s'il y en a trois ou un plus grand nombre. Les biens ainsi réservés seront recueillis par les ascendants jusqu'à concurrence d'un 1/8 de la succession, et le surplus par les enfants naturels.

Enfin, pour ménager les susceptibilités autant que pour simplifier des procédures, l'art. 724 du Code civil est modifié de façon à permettre à l'enfant naturel héritier de bénéficier du droit de saisine.

Voilà donc l'enfant naturel nanti d'un droit réservatoire, et son droit classé en cas de concours avec la réserve des ascendants.

Surgit alors la question du disponible.

La disposition de l'art. 908 du Code civil a soulevé beaucoup de plaintes; on l'a notamment dénoncée comme devant détourner de la reconnaissance volontaire les parents les mieux intentionnés.

Comme bien on pense, M. Letellier (1) n'a pas manqué cette occasion de créer en faveur de son projet, un courant de sympathie dans les écoles les plus opposées, car sur la modification de cet art. 908 il y a presque unanimité.

Le projet Letellier propose l'abrogation pure et simple de l'art. 908. La commission de la Chambre s'y rallie sauf deux restrictions : l'attribution de la réserve ne pourra se faire par acte entre vifs, la part de l'enfant naturel ne pourra dépasser celle de l'enfant légitime le moins prenant.

La donation est dans notre code, un acte irrévocable; elle peut être le fruit d'un acte spontané, irréfléchi, et ne présente aucune des garanties nécessaires en cette matière.

---

(1) Le législateur voulant protéger complètement les intérêts de la famille, a interdit aux parents de faire à leur enfant naturel des libéralités supérieures à la quotité de son droit *ab intestat*. C'est là une disposition aussi injuste que dangereuse; car elle tend à écarter les reconnaissances d'enfants naturels que le législateur devrait au contraire encourager comme venant atténuer un mal grave, et elle tend à traiter des enfants, cependant absolument étrangers à la faute que l'on veut réprimer, d'une façon plus désavantageuse même que s'ils étaient étrangers à ceux qui leur ont donné le jour. (Exposé des motifs, p. 7. Doc. 459 de la Chambre, Session de 1890.)

Aussi ne saurait-elle convenir ici ; seul, le testament, acte toujours révocable, manifestation, quand il reçoit son exécution, d'une volonté persévérante jusqu'à l'heure de la mort, peut remplir ce but. Aussi votre commission a-t-elle été d'avis, tout en maintenant l'interdiction pour les enfants naturels, de recevoir par donation entre vifs au delà de ce qui leur est attribué par la loi, de laisser à leurs auteurs la faculté, quand ces enfants viendront en concours avec des enfants légitimes, de leur attribuer par disposition testamentaire, une part d'enfant légitime (1).

Le texte voté à la Chambre et repris au Sénat fut combattu dans les deux sens ; M. Grivart voulait moins, M. Thézard voulait plus.

D'après M. Grivart, la commission se mettait en contradiction avec elle-même : elle n'a pas voulu de l'assimilation légale, quand M. Letellier la proposait, pour finir par proposer l'assimilation facultative.

L'argument ne porte que si l'on y ajoute un « à peu près », c'est ce qu'a vu M. Grivart sitôt qu'il développe sa thèse ; si, en présence d'enfants légitimes, l'enfant naturel peut par testament prendre une part de légitime moins prenant, il doit céder 1/8 aux ascendants dans tous les cas.

Avec des collatéraux, la question si laborieusement débattue tout à l'heure, l'avantage de sa position s'accentue, car aucun droit réservatoire ne consacre au profit de ces collatéraux la part que la loi nouvelle leur accorde à l'encontre de l'enfant naturel.

C'est surtout cela que M. Grivart combat par toutes sortes de considérations. Comme conclusion, il demande le maintien pur et simple de la disposition de l'art. 908 du Code civil.

Pour M. Thézard (séance du 21 mars 1895), la solution transactionnelle de la commission ne se justifie pas ; s'il fallait faire une différence entre les donations, entre vifs et les testaments, c'est au profit des

---

(1) Doc. n° 1733, Chambre. Session extraordinaire de 1891, p. 52.

premières qu'il faudrait le faire. Les donations sont entourées de formalités qui assurent, bien mieux que le testament olographe, la liberté de l'auteur, et le protègent contre des influences intimes ; de plus elles auront généralement pour but de favoriser le mariage de l'enfant naturel : quel moyen plus délicat pour réparer la faute primitive ?

Le vote fut acquis au texte de la commission.

En seconde discussion, M. Thézard ne fit plus d'objection, mais M. Grivart (Séance du 22 juin 1895) reprit sa même thèse, avec les mêmes arguments à peu de chose près. Il ne réussit pas davantage à faire accepter son amendement et le texte définitif, accepté plus tard par la Chambre, fut :

L'art. 908 du Code civil est modifié ainsi qu'il suit : Les enfants naturels légalement reconnus ne pourront rien recevoir par donation entre vifs au delà de ce qui leur est accordé au titre des successions. Cette incapacité ne pourra être invoquée que par les descendants du donateur, par ses ascendants, par ses frères et sœurs et par les descendants légitimes de ses frères et sœurs. Le père ou la mère qui les ont reconnus pourront leur léguer tout ou partie de la quotité disponible, sans toutefois qu'en aucun cas, lorsqu'il se trouve en concours avec des descendants légitimes, un enfant naturel puisse recevoir plus qu'une part d'enfant légitime le moins prenant.

Les enfants adultérins ou incestueux ne pourront rien recevoir par donation entre vifs ou par testament au delà de ce qui leur est accordé par les art. 762, 763 et 764 du Code civil.

## III

Si j'ai insisté longuement sur les travaux préliminaires et les diverses phases par lesquelles ont passé les textes qui sont maintenant la loi, c'est que j'ai cru voir là le meilleur moyen de comprendre la portée de ses dispositions, le véritable esprit de la loi. Nous saisissions ainsi sur le vif la tendance des législateurs, et nous pouvions accumuler les éléments d'un jugement raisonné sur les conséquences qu'on en peut attendre.

Qu'a-t-on voulu faire ? La chose est claire. Le problème de la situation des enfants naturels s'envenime avec l'accroissement désastreux de leur nombre et la désorganisation de la société dont ils sont appelés à faire partie. Le législateur abandonne franchement tout espoir de diminuer le nombre des naissances irrégulières, et, en bon égoïste, s'attache à les rendre aussi peu nuisibles que faire se peut.

On a dit que, si les enfants naturels tournent souvent mal, c'est par dépit d'être placés dans une situation inférieure, et pour se venger de la société qui les accueille avec une complaisance très médiocre. Assimilons donc l'enfant naturel à l'enfant légitime, disait M. Letellier, et d'accord cette fois avec le Garde des Sceaux, il allait jusqu'à imposer à l'épouse la présence au foyer des enfants naturels du mari.

Voilà la première pensée des législateurs, le point de départ sur lequel tous étaient à peu près d'accord. Seulement, à mesure que la discussion avance, qu'on parle de la loi dans le public, des timidités se font jour : on affecte, avec une certaine vivacité, des scrupules soudains au nom de la Morale (avec initiale majuscule bien entendu) et, petit calcul très connu des libertins, on se met à négocier : donnons à l'enfant naturel un sac d'écus et ne parlons plus du reste.

Ce mode-là a paru très avantageux ; on donnait satisfaction à l'opinion publique qui décidément demandait qu'on fît quelque chose pour les enfants naturels, et on avait toutes les chances de n'être point incommodé par eux dans la suite : l'argent est tout en ce monde, et, pourvu qu'ils soient riches, tous les enfants seront bien élevés.

Je puis me tromper, mais voilà bien l'impression que me laissent les débats pris dans leur ensemble ; cette psychologie de la loi est peu satisfaisante, je l'avoue.

\*
\* \*

Sans doute, ce qui fait que les enfants naturels sont

redoutables à l'ordre social, c'est qu'ils sont mal élevés ; j'en suis d'autant plus convaincu que des recherches à travers les statistiques criminelles récentes, ont singu·lièrement documenté mon opinion.

Il n'y a aucune raison physiologique pour que l'enfant naturel soit un criminel né ; on en a allégué plusieurs, on n'en a sérieusement établi aucune ; tout au plus peut-on craindre si c'est une fille, que les excès de la mère laissent une trace, et que névrosée héréditaire, elle aille grossir le nombre des impulsives dont la responsabilité morale est atténuée. Même alors, une hygiène bien comprise, une forte éducation suffisent pour effacer cette tare, et donner au monde le spectacle consolant du triomphe de l'esprit sur la matière.

Si l'enfant naturel prend en France plus que sa part dans la moyenne des crimes, il n'en est de même ni en Italie, ni en Espagne, ni en Autriche ; or ce sont là les seuls pays qui, à ma connaissance, établissent des statistiques criminelles détaillant l'origine des condamnés.

J'ai essayé d'en comprendre les causes, et je suis arrivé à cette conclusion que l'éducation était le principal facteur de cette situation plus favorable.

En Italie, un assez grand nombre d'enfants ne sont qualifiés d'illégitimes sur les statistiques officielles, que parce que, opposés à l'institution récente du mariage civil, les parents se sont contentés du sacrement.

Ces enfants jouissent en réalité des avantages de l'éducation de famille comme tous les légitimes ; nul, en dehors des employés de l'état civil, n'objecte à leur situation, ni à leur origine.

Quant aux enfants issus de personnes non mariées, ils ont toujours l'action alimentaire vis-à-vis de leur père. Qui nous dira l'importance de ce droit dans la pratique d'une meilleure éducation, d'une instruction convenable pour la direction de la vie ? Cette faveur de la loi italienne doit être d'autant plus efficace, qu'elle s'étend généralement à tous les enfants nés hors ·mariage, quelque fut l'époque de leur naissance, ou l'état civil de leur père.

En Espagne, l'éducation des enfants naturels forme depuis toujours la préoccupation toute particulière de plusieurs institutions bienfaisantes; l'opinion publique, plus éclairée dans sa générosité que la nôtre n'est hypocrite dans sa rigueur, continue à se souvenir des traditions d'autrefois, lorsque tout enfant trouvé était réputé noble.

De plus, ne l'oublions pas, la recherche de la paternité est admise en Espagne, et, phénomène constant, très peu pratiquée ; ce qui prouve à n'en pas douter, que les parents remplissent spontanément leurs devoirs d'entretien et d'éducation.

La situation de l'Autriche est la même, pour le droit, que celle de l'Espagne, et les statistiques criminelles n'y accusent aucune différence entre l'enfant légitime et l'enfant naturel.

\*
\* \*

L'installation de l'enfant naturel au foyer de famille, préconisée par le Garde des Sceaux, M. Trarieux, ne peut aboutir dans la plupart des cas qu'à accentuer les petites divisions intestines et à aigrir davantage le caractère de l'enfant naturel. C'est à son éducation qu'il fallait pourvoir, et pour cela la recherche de la paternité est l'unique moyen. L'enfant n'a pas le temps d'attendre l'ouverture des droits successoraux pour apprendre à se conduire convenablement, et c'est tout de suite après sa naissance qu'on devrait s'occuper de lui.

Pour lui-même du reste, c'est un avantage inestimable de n'être point spectateur intelligent des débats délicats que pareilles demandes suscitent, et ce sera mal inaugurer sa jeune conscience, que de lui faire entrevoir, en contraste avec sa pauvreté présente, ses espérances légales futures.

La recherche de la paternité au moment de la naissance, pour tous les enfants, mais avec la seule conséquence d'une pension alimentaire : voilà la justice, le remède auquel aucune morale ne peut objecter, la mesure qui ne peut scandaliser personne; et voilà aussi ce que les législateurs cherchaient à éviter avant tout.

Ce qui, à un moment donné, a le plus contribué à activer le vote de la loi que nous venons d'analyser, c'est l'impression générale qu'on allait se trouver forcé de *faire quelque chose* pour l'enfant naturel, sous la pression sans cesse croissante de l'opinion publique. On s'est hâté de lui donner le change, de peur de voir la faveur se tourner vers les projets de rétablissement de la recherche de la paternité. (M. Rivet a saisi à nouveau la Chambre d'un projet de cette nature.)

Cette préoccupation est visible en plus d'un endroit. Le rapporteur au Sénat en est tellement obsédé, qu'il en parle à plusieurs reprises; c'est son argument suprême, quand tous les autres sont épuisés (1).

Il déclare même en séance, aimer mieux se rallier au projet Letellier, qu'il avait si laborieusement combattu, si quelque danger grave venait à poindre de ce côté. Le Sénat, plus hardi que la Chambre, votera-t-il l'assimilation proposée par M. Letellier ? « Ce n'est pas vraisemblable, et ce n'est pas, selon moi, très inquiétant. Ce qui serait inquiétant, ce serait d'ouvrir la porte à ce principe des lois naturelles devant s'élever au-dessus de la loi civile ; vous ne seriez pas longtemps à voir arriver d'autres propositions sur la recherche de la paternité, sur les enfants adultérins et incestueux. Prenez-y garde, Messieurs, car ce n'est pas de l'avenir que je parle, c'est du présent (2). »

Ai-je raison de croire qu'au point de vue social, la loi nouvelle soit une faute? Quelle autre qualification donner à cette horreur manifeste pour la recherche de la paternité ?

---

(1) Sénat, session 1895, doc. n° 8, p. 3 et 4.
(2) Sénat, séance du 18 mai 1895, *Officiel*, p. 202, 1re col.

Le premier résultat de cette loi aura été de retarder la solution loyale du problème de l'illégitimité, non seulement en donnant le change à l'opinion publique, mais en augmentant même les obstacles qui, à l'heure actuelle, s'opposent au rétablissement de la recherche.

Augmenter les droits successoraux, c'est rendre la recherche de moins en moins applicable. Les pays qui pratiquent la recherche judiciaire ne concèdent point de droits successoraux à l'enfant naturel, pas plus que l'ancien droit français, et c'est pour cela qu'il n'y a pas là, qu'il n'y avait pas autrefois, les abus auxquels on nous a fait croire d'abord ; si l'expérience qu'on fit en l'an II entraîna si rapidement la défaveur du droit de recherche, c'est que les droits successoraux venaient d'y être maladroitement rattachés, et que les abus devenaient possibles, fréquents même.

\*
\* \*

J'ai encore deux raisons pour ne point estimer, au point de vue des effets sociaux qu'elle doit produire, la législation nouvelle.

C'est qu'à tout prendre, elle ne concerne qu'un bien petit nombre d'enfants naturels, laissant sans remède la situation de tous les autres ; et que, pour ceux-là mêmes à qui elle s'adresse, elle constitue un cadeau d'une valeur morale très discutable.

Il est un petit nombre que les dispositions nouvelles enrichiront ; je souhaite que cet argent leur porte bonheur, qu'ils en fassent un si bon usage qu'on puisse vraiment dire que l'amélioration du sort des privilégiés compense, en partie du moins, l'oubli dans lequel on laisse le plus grand nombre. Je souhaite aussi que la perspective de voir succéder l'enfant naturel à titre d'héritier dispose les parents, le père surtout, à recourir plus fréquemment à l'acte solennel de la reconnaissance, et que, discret et ferme à la fois, ce père se préoccupera de soustraire l'éducation de l'enfant aux vicissitudes déprimantes de la vie maternelle.

Ces résultats-là ne me paraissent pas devoir découler nécessairement de la réforme accomplie ; et surtout les proportions réciproques de ce petit nombre avec les autres, la masse des oubliés, me laissent un doute invincible sur la valeur sociale de la loi.

J'ai cherché à me rendre compte de cette proportion dans les statistiques, et je n'ai pas abouti. Combien d'enfants sont reconnus par leur père sans être légitimés ? Les relevés démographiques sont muets. C'est cependant ainsi que la question doit être posée ; les reconnaissances volontaires faites par la mère ne m'intéressent point ici ; la recherche de la maternité est pratiquée spontanément, en fait la mère s'arrange toujours de façon à laisser son pécule à l'enfant, si elle ne réussit pas à le légitimer par un mariage subséquent. De plus les légitimations, très intéressantes sans doute, n'en doivent pas moins être éliminées de nos calculs ; le droit successoral des enfants légitimés n'est pas modifié par la loi. Que reste-t-il ? Peu de chose sans doute ; infiniment petite sera la proportion des enfants auxquels la loi bénéficie.

En Belgique, il y a une statistique des reconnaissances d'enfants naturels, mais elle est peu explicite. Sur 100 enfants du sexe masculin nés dans la période décennale 1851-60, 16 ont été reconnus ; pour le sexe féminin, la proportion tombe à 15 0/0. Les mêmes données pour 1881-90 sont respectivement 20 0/0 et 17 0/0.

Pour appliquer ces chiffres à notre problème, il faudrait pouvoir distinguer les reconnaissances faites par le père, et en éliminer celles qui auraient pour objet la légitimation subséquente.

On pressent où pareille élimination nous mènerait.

Qu'a-t-on donc fait, dans la réalité ?

La société doit-elle se réjouir de ce qu'on ait exalté quelques-uns, en aigrissant, par un refus injustifié, la grande masse de délaissés ?

Cette masse était-elle moins intéressante ou plus coupable ? Ces enfants seront-ils moins dangereux si leur éducation est manquée, si leur entourage est détestable ? Ne peut-on concevoir des craintes sérieuses, des perspectives de représailles à l'endroit de ceux qu'on aura si mal préparés à repousser le flot montant de la haine et de la révolte?

Questions troublantes que l'avenir résoudra pour nous !

www.ingramcontent.com/pod-product-compliance
Lightning Source LLC
Chambersburg PA
CBHW060507210326
41520CB00015B/4134